Le voyage de Luli

Texte : Christian Lamblin
Illustrations : Marie-Hélène Tran-Duc

Nathan

Maluri est un petit garçon.
Il habite dans le désert.
Chaque jour, il garde le troupeau
de chèvres de sa famille.
Un matin, il entend un petit cri
et découvre un oiseau minuscule.
– Que fais-tu là ? demande Maluri.
Et comment t'appelles-tu ?

▶ Maluri est
un petit garçon.

3

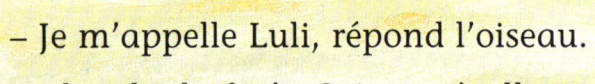

– Je m'appelle Luli, répond l'oiseau.
Et je cherche la forêt. Sais-tu où elle est ?
Maluri est étonné.
Qu'est-ce qu'une forêt ? demande-t-il.
– La forêt, c'est un endroit où il y a
des arbres, répond Luli, tu le sais bien.
– Je connais un endroit où il y a trois
palmiers, dit Maluri.

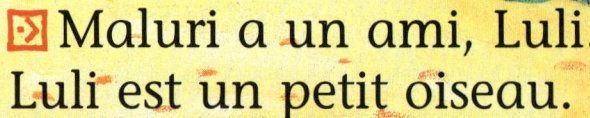

Maluri a un ami, Luli.
Luli est un petit oiseau.

4

– Trois arbres, ce n'est pas assez
pour une forêt, répond l'oiseau.
– Il faut combien d'arbres ?
demande Maluri.
– Des centaines, répond l'oiseau.
Et tous différents !
Maluri pense que Luli raconte
n'importe quoi !

**➤ Dans une forêt,
il y a des arbres.**

– **M**aintenant, il faut que je parte, dit Luli.

Il veut s'envoler mais il est trop faible.

– Tu ne peux pas partir ! s'écrie Maluri.

Tu dois reprendre des forces.

Le garçon donne à manger à Luli.

– Je me souviendrai toujours de ta gentillesse,
murmure l'oiseau. Si un jour tu viens
dans ma forêt, nous la visiterons ensemble.

6 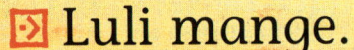 Luli mange.

Soudain, l'oncle de Maluri arrive.

Il n'est pas content !

– Maluri ! Qu'est-ce que tu fais derrière

ce rocher ? Tu abandonnes ton troupeau

pour faire la sieste ?! Retourne vite

à tes chèvres !

– J'y vais, j'y cours ! s'écrie Maluri

en cachant Luli dans sa poche.

▶ L'oncle de Maluri
n'est pas content.

7

Maluri a rassemblé son troupeau.

Il sort Luli de sa poche.

– Regarde, dit Maluri. Est-ce que ce palmier ressemble aux arbres de ta forêt ?

– Non, les arbres de la forêt sont différents, explique l'oiseau. Certains sont hauts et minces, d'autres sont petits et couverts de feuilles.

Luli parle de la forêt à son ami Maluri.

8

Le soir arrive. Maluri remet l'oiseau dans sa poche et rentre chez lui.
– Il paraît que tu dormais derrière un rocher ? demande la maman.
– Je ne dormais pas ! répond Maluri. Je discutais avec un ami.
– Un ami ! s'écrie la mère en riant. Tu as trouvé un ami sur cette colline déserte ?

▶ Maluri est à la maison.
Il parle de Luli à sa maman. 9

Maluri veut montrer l'oiseau à sa mère
mais ses frères et sœurs arrivent pour le repas.
"On a faim !"
Maluri a peur de montrer Luli à toute la famille.
Ils voudront sûrement le toucher,
le prendre dans leurs mains, le serrer,
l'embrasser...

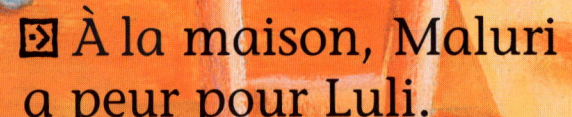

▶ À la maison, Maluri
a peur pour Luli.

10

Après le repas, Maluri
va se coucher. Il met Luli
sur le lit à côté de lui.

– Je dois partir demain
matin, dit l'oiseau.
Une grande tristesse
envahit alors le cœur
de Maluri. Il n'a pas envie
de voir partir son ami.

▶ Maluri a mis Luli sur le lit. Luli va partir.   11

— S'il te plaît, raconte-moi ton voyage,
murmure Maluri.

— Demain, je prendrai mon envol
et je partirai droit vers le nord, répond Luli.
Je traverserai le désert puis la mer. Ensuite, j'arriverai
dans un pays qu'on appelle la France. Je survolerai
des villes et des villages pour arriver enfin dans ma forêt.
Maluri dépose un bisou sur le bec de l'oiseau, puis il s'endort…

▶ Maluri regarde
son ami Luli.

Maluri rêve : il traverse le désert, puis la grande mer dont a parlé Luli. Il arrive au-dessus de la France.

Il découvre la côte, les fleuves, les villes et les villages. Maluri s'approche enfin de la forêt.

▶ **Maluri rêve dans son lit.** 13

Soudain... une créature gigantesque se dresse devant lui ! La créature est vraiment monstrueuse. Elle appelle Maluri.
– Dans la forêt, arrache les feuilles et casse les branches ! Ensuite, piétine les champignons et jette tous tes déchets, dit le monstre. Maluri n'est pas d'accord.

▶ Un monstre arrive.
14   Il appelle Maluri.

– Qui es-tu pour donner d'aussi
mauvais conseils ? demande le garçon.
– Je suis Croquebois le mange-forêt !
répond le monstre.
Je ne te laisserai pénétrer dans la forêt
que si tu sais répondre à ma question :
Qui a des racines, de la sève
et des bourgeons... ?
– C'est l'arbre, répond Maluri
qui connaît la forêt grâce à Luli.
Le monstre disparaît, très déçu.

**Maluri parle des arbres
avec le monstre.**

15

Maluri poursuit son voyage mais un cri
résonne dans ses oreilles : Maluriiii !! Maluriiii !
Il reconnaît la voix de sa mère. Il ouvre les yeux
et se retrouve... dans son lit. Luli se réveille à son tour.
– Je dois partir mais je reviendrai te voir, dit l'oiseau.
– Au revoir mon ami ! répond Maluri.
Un jour, j'irai dans ta forêt !

Luli a tenu sa promesse. Pendant
plusieurs années, il est venu
retrouver son ami Maluri.

▶Maluri a rêvé
dans son lit.
16 Luli dit : "je repars".

Et puis une année, Luli ne vient pas.
Maluri décide de faire le voyage
à son tour. Il arrive en France.
Il entre dans une forêt et soudain,
des dizaines d'oiseaux l'entourent.
– On te connaît ! chantent les oiseaux.
Tu es Maluri, l'ami de Luli ! Cours
le retrouver, il ne peut plus bouger :
il s'est cassé l'aile. Mais il est presque
guéri !
Maluri soulagé, sourit et part
à la recherche de son ami dans la forêt
de ses rêves.

**▶ Maluri retrouve
son ami Luli.** 17

Des images à découvrir

Ph. Jeanbor © Archives Larbor

Une forêt

Un érable
en hiver

Un érable
en été

Un érable
en automne

Un érable
au printemps

Ph. Getty images / Franck Cezus - Taxi

19

Des oiseaux de la forêt...

Une perdrix

Un passereau

Une chouette

Un héron

Jeux

Trouve les 3 éléments qui ont disparu dans l'image n°2.

Réponses : un petit nuage, une chèvre et une maison.

21

Trouve à quelles pages correspondent les deux silhouettes de Maluri.

A

B

Aide-toi du code pour trouver
ce que Luli dit à Maluri.

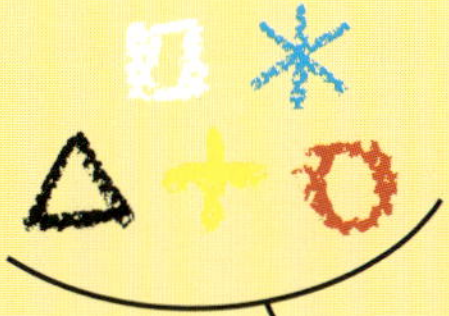

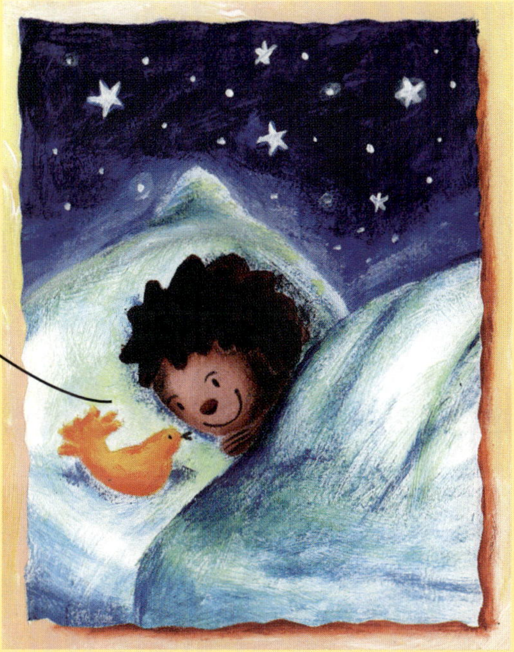

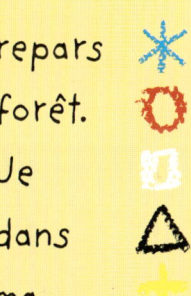

repars ✱
forêt. ⊙
Je ▢
dans △
ma ✛

Vrai ou faux ?

1. Maluri est un petit oiseau.

2. Papa est l'ami de Luli.

3. Luli rêve dans son lit.

4. Luli parle de la forêt à son ami Maluri.

5. Dans une forêt, il y a des écoles.

© Nathan, Paris, 2004.
Conforme à la loi du 16 juillet 1949 sur les publications destinées à la jeunesse
Dépôt légal juillet 2004 - ISBN : 209-121665-8
Imprimé en France par IME - N° d'éditeur : 10101610

Réponses : 1 = F ; 2 = F ; 3 = F ; 4 = V ; 5 = F.